Llawn Hud

Rhagair gan
Mererid Hopwood
Lluniau gan Chris Glynn

Cerddi gan

Tudur Dylan

Sonia Edwards

Mererid Hopwood

Ceri Wyn Jones

Elinor Wyn Reynolds

Gofynnodd
Gwasg Gomer i bump
ohonom ni greu cerddi ar
eich cyfer chi – a dyma beth
welwch chi ar y tudalennau nesaf.
Tybed a gewch chi gymaint o hwyl
yn eu darllen ag y cawsom ni wrth
eu cyfansoddi?
Gobeithio wir! A gobeithio yr ewch
chi ati i ysgrifennu cerddi hefyd.
Beth am fentro arni?

Mererid Hopwood

Argraffiad cyntaf – 2004

ISBN 1 84323 342 8

ⓑ cerddi: y beirdd
ⓑ lluniau: Chris Glynn

Cyhoeddwyd dan nawdd Cynllun
Cyhoeddiadau Cyd-bwyllgor Addysg Cymru
CBAC

Argraffwyd yng Nghymru gan Wasg Gomer,
Llandysul, Ceredigion SA44 4JL
www.gomer.co.uk

Cynnwys

Dw i eisiau

Dw i eisiau'r byd i gyd roi gwên,
Dw i eisiau peidio mynd yn hen.

Dw i eisiau nofio'r moroedd maith,
Dw i eisiau siarad pob un iaith.

Dw i eisiau mynd i bellter byd,
Dw i eisiau gweld y sêr i gyd.

Dw i eisiau cyfri'r tywod mân
A gallu rhoi y dŵr ar dân.

Ac ar ôl gwneud y rhain i gyd,
Fe fydda i'n hapus iawn fy myd.

Tudur Dylan

Pam?

Pam mae'r lloer fel marblen wen
A'r haul fel teisen wy,
A phigau gwêr
Canhwyllau'r sêr
Fel siwgwr gwyn ar lwy?

Pam mae'r glaw fel hadau mân
Sy'n fwyd i'r bwji gwyrdd,
A thonnau'r môr
Fel lleisiau'r côr
Yn eisteddfodau'r Urdd?

Pam mae dail yr hydref crin
Fel creision ŷd ar lawr,
A brigau noeth
Y dderwen ddoeth
Yn hir fel bysedd cawr?

Mae'r byd i gyd yn llawn o hud
Yn dy ddychymyg di.
Mae hwyl mewn gair
Fel lliwiau ffair
A cherdd wyt ti i mi.

Sonia Edwards

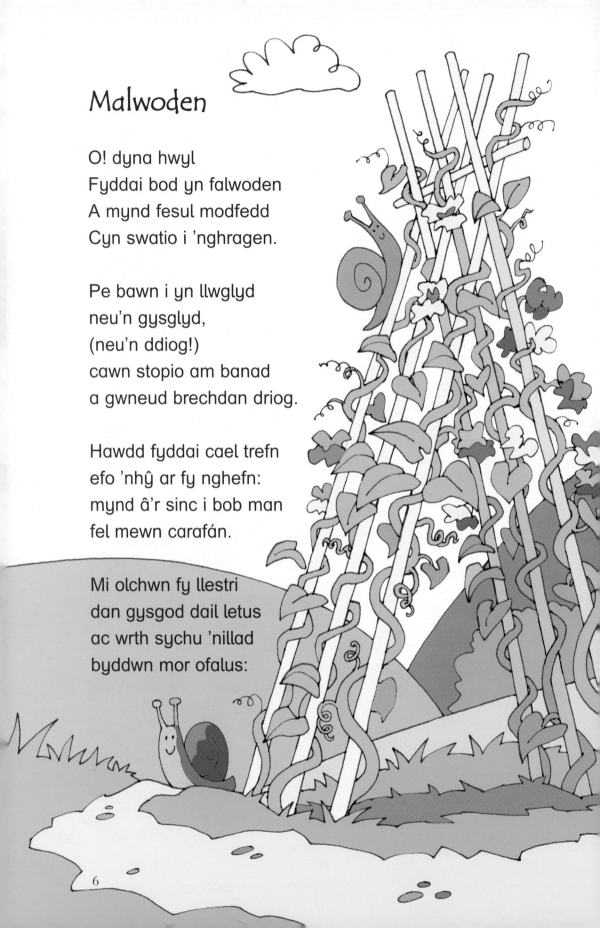

Malwoden

O! dyna hwyl
Fyddai bod yn falwoden
A mynd fesul modfedd
Cyn swatio i 'nghragen.

Pe bawn i yn llwglyd
neu'n gysglyd,
(neu'n ddiog!)
cawn stopio am banad
a gwneud brechdan driog.

Hawdd fyddai cael trefn
efo 'nhŷ ar fy nghefn:
mynd â'r sinc i bob man
fel mewn carafán.

Mi olchwn fy llestri
dan gysgod dail letus
ac wrth sychu 'nillad
byddwn mor ofalus:

hongian fy nghrys
dan y priciau pys
a gosod fy nhrôns
dros y riwbob ar frys

a newid gêr wedyn
fel injan dân
rhag ofn i mi fynd
yn bryd parod i frân.

Sonia Edwards

Pa liw?

Pa wyn sydd yn wynnach na dannedd y cawr
Neu'r eira sy'n disgyn yn ysgafn ar lawr?

Pa ddu sydd yn dduach nag ogof Pont-lliw
Neu ganol y nos ar ben mynydd y Rhiw?

Pa goch sydd yn gochach na draig orau'r byd
Neu'r gwaed sydd yn llifo trwy'r galon i gyd?

Pa wyrdd sydd yn wyrddach na'r gwair dan dy droed
Neu ddail ym mis Mai sydd ar frigau y coed.

Pa las sydd yn lasach na'r môr ym Mhorthgain
Neu awyr mis Medi yn llygaid fy Nain?

Tudur Dylan

Glas

Mae glas yn yr awyr
uwchben ymhob man,
a glas yn y tonnau
sy'n llifo i'r lan.

Mae glas yn yr enfys
sy'n lliwio'r holl fyd,
a glas yn y bore
sy'n gynnar i gyd.

Ond mae glas sydd yn lasach
wrth fy ymyl bob cam,
y glas rwy'n ei garu
yn llygad fy mam.

Tudur Dylan

9

Siopa gyda Dad

'Cofiwch brynu llysiau da:
bresych, moron, pys a ffa.'

'Iawn, Mam, hwyl, Mam!
Bant â ni!'
(Siopa gyda Dad sy'n sbri!)

Yn y troli fi sy'n gyrru,
Dad sy'n gwthio, Dad sy'n chwysu.

'Chwith, Dad, dde, Dad,
nawr, Dad, stop!
(Dyma lle mae silff y pop!)

''Nôl, Dad, 'mlaen, Dad,
heibio'r ffa!'
(Nawr fan hyn mae'r hufen iâ!)

'Lan, Dad, lawr, Dad,
'mlaen yn syth!'
(*Chicken nuggets* ar y chwith!)

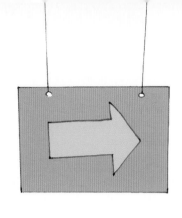

'Mewn, Dad, mâs, Dad,
talu'r bil!'
(Y mae siocled wrth y til!)

Dyna ni! Y troli'n llawn,
ac o'r dre am adre'r awn.

'Helô, Mam, chi eisiau pop?
Doedd dim llysiau yn y siop!'

Ceri Wyn Jones

Wyt ti eisiau . . . ?

Wyt ti eisiau beic
fel beic Meic,
neu Ferrari
fel Ferrari Anti Mari?

Wyt ti eisiau pram
fel pram babi mam,
neu ffon-bogo
fel ffon-bogo Iolo?!!

Tybed beth am whilber
fel whilber Clare,
neu dractor
fel tractor Victor?

Ŵ! Neu beth am ganŵ
fel canŵ Emma-Sŵ. . . ?

neu awyren
fel awyren Dwynwen . . . ?

neu jet
fel jet Bet . . . ?

neu roced
fel roced Aled?

Na, dim diolch,
dw i eisiau adenydd
fel adar y mynydd,
adenydd iawn
i hedfan drwy'r prynhawn,
adenydd mawr
i'm codi o'r llawr . . .

. . . a plîs, plîs, plîs
a gaf i nhw
NAWR?!

Diolch!
Diolch yn fawr!

Mererid Hopwood

Marcio Gwaith Dosbarth

Os oedd Rhys yn copïo Mared,
a Mared yn copïo Mer,
a Mer yn copïo Meirion,
a Meirion yn copïo Ger;

a Ger yn copïo Manon,
a Manon yn copïo Prys,
a Prys yn copïo Rhydian,
a Rhydian yn copïo Rhys;

mae gen i un cwestiwn syml
i ofyn i'r grŵp bach hwn:
gwaith pwy oedd hwn ar y cychwyn
o amgylch eich bwrdd bach crwn?

Ceri Wyn Jones

Sŵn

Dw i weithiau yn sibrwd
Dw i weithiau yn gweiddi

Dw i weithiau yn siarad
Dw i weithiau yn sisial

Dw i weithiau yn mwmian
Dw i weithiau yn sgrechian

Dw i weithiau yn crïo
Dw i weithiau yn bloeddio

Dw i weithiau yn gwichian
Dw i weithiau'n brygowthan

Dw i weithiau yn chwythu
Dw i weithiau yn canu
Dw i weithiau yn chwyrnu

Ond dw i byth yn dawel!

Tudur Dylan

Amser Bwyd

Amser bwyd bydd Tomi
yn tynnu stumiau lu.
Mae golwg ar ei wyneb
fel pe bai'n llyncu pry.

Ei wyneb bach sy'n wyrddach
na'r sbrowts a'r pys a'r ffa,
ac ych! Be' ydi hwnna?
Sbinaets, Tomi. NAA!

Mae Tomi'n dechrau gweiddi
a'i nadu'n llenwi'r lle.
Mae'n lluchio pys o dan y bwrdd
Gan sgrechian: 'Pam? I be?'

'Tyrd rŵan, Tomi,' medd ei fam,
'Mae llysiau'n dda i ti.
Mi dyfi dithau'n fawr a chryf –
plîs tria fwyta, Tomi!'

'Ond pam na cha i hufen iâ
a siocled brown a gwyn,
a jaffa cêcs a choco pops?'
gofynna Tomi'n syn.

'Sothach melys yw'r rheina i gyd,'
medd Mam gan roi sws ar ei foch.
A rhag i'w mab ddiflasu'n llwyr
mae'n estyn y sôs coch!

Sonia Edwards

17

Yr Anghenfil yn Fy Stumog

Mae anghenfil yn fy stumog,
a bob nos rhwng naw a deg,
tra mod i'n ceisio cysgu,
mae'n RHUO nerth ei geg:

'BWYDWCH FI!!!'

'Rhowch i mi ugain selsig,
saith torth o fara gwyn,
a thunnell dda o hufen iâ! . . .'

Yna, mae'n RHUO fel hyn:

'BWYDWCH FI!!!!'

Mae'n gweiddi: 'Rwyf am lyncu
llond cae o foron coch,
llond môr o sôs a phwdin reis . . .'

Ac yna, mae'n RHUO'n groch:

'BWYDWCH FI!!!'

Ond heno cyn ymolchi
fe fyddaf i, medd Mam,
yn bwyta llond fy mola
o dost ac uwd a jam,
er mwyn i'r hen anghenfil
sy'n deffro'n teulu ni,
gysgu'n drwm drwy'r nos i gyd
heb RUO . . . 'BWYDWCH FI!!!!'

Mererid Hopwood

Cadw-mi-gei

Mae cadw-mi-gei yn fy stafell
Yn llawn o fy arian fy hun,
Bob ceiniog a gaf gan fy mam a fy nhad
Dwi'n gofalu eu cadw, bob un.

Dwi'n ei agor yn ddistaw bob wythnos
Ac edrych i'w ganol yn slei,
A dwi'n cyfri a chyfri i weld faint o bres
Sydd yn cuddio'n fy nghadw-mi-gei.

A phan fydd 'na ddigon o bwysau,
Ei roi yn y banc a wnaf fi,
Ac fe fydda i'n filiwnydd, dwi'n gwybod yn iawn,
Pan fyddaf i'n dri chant a thri!

Tudur Dylan

Pennill Dant

Pan gollaf ddant, daw'r tylwyth teg
â phunt i mi o'r sêr.
Os tynna i 'nannedd mâs i gyd,
a fyddai'n filiwnêr?

Ceri Wyn Jones

Bob Tywydd

Mae Bob Tywydd
   A'i ben yn y cymyle'n rhywle.
Wedi deffro'n y bore
   A thaflu'r haul i'r nen,
Mae'n camu o'r tŷ
   A tharo'i gap ar ei ben.
Mae'n galw am ei fêts,
   Morys ac Ifan,
I ddod i chwarae tu allan
Er mwyn nyddu hindda, glaw a stormydd –
Rhwng y tri, ma' nhw'n creu pob math o dywydd!

Yn griw llawn direidi, fe ruthrant ar wib
Gan gwato a chwrso'r tywydd rownd y byd;
Goglish taranau
   Yn nhraed eu sanau,
Tyllu cymylau,
   a phinsio'u bochau
Nes i'r dagrau lifo fel glaw lawr eu gruddiau,
Gan wlychu'r holl goed a glaswellt y caeau
A deffro'r enfys
   o'i thrwmgwsg hudolus.

22

Dal llygad yr haul pan fo rhywbeth yn ddoniol
a chwerthin yn groch;
Gwneud i'r blodau wenu
a'r machlud wrido'n boenus o goch.
Chwerthin yn troi'n grïo
ac yna'n chwerthin eto,
A Bob a Morys ac Ifan
Yn falch iawn o'u hunain.

Ond yna daw'r nos i guddio'u sbri
Gan roi stop ar eu miri,
Ac i'r gwely â'r tri
O leia' tan 'fory!

Elinor Wyn Reynolds

Clicyti clac

Clicyti clac
Clicyti clac
Trên ar y trac
Trên ar y trac
Twnnel trwy'r tir
Twnnel trwy'r tir
Golau yn glir
Golau yn glir
Brecwast yn bryd
Brecwast yn bryd
Hapus fy myd
Hapus fy myd
Sosej ac wy
Sosej ac wy
Cacen neu ddwy
Cacen neu ddwy
Trên ac y trac
Trên ar y trac
Clicyti clac
Clicyti clac

Cyrraedd yr orsaf yn araf wnawn ni
Araf ac araf
Araf ac araf
Cyn aros
Cyn aros
Yn stond.

Ond . . .
Dal y trên arall am chwarter i dri —

Clicyti clac
Clicyti clac
Trên ar y trac
Trên ar y trac . . .

Tudur Dylan

Y Dyn Gwyrdd a'r Dyn Coch

Dyw'r dyn gwyrdd a'r dyn coch
Ddim yn gweld llygad yn llygad
Na boch wrth foch.
Mae'r ddau'n byw ar ben yr un polyn du
Yn gwylio'r ceir yn suo heibio o'u tŷ fry.
Heb dorri gair,
heb ddim i'w ddweud,
heb ddim i'w wneud
heblaw
ymddangos . . .
diflannu . . .
ymddangos . . .
diflannu . . .

ymddangos . . .
diflannu eto ac eto.
Pan mae un i'w weld, mae'r llall yn cuddio.

'Croeswch,' medd y dyn gwyrdd gan wenu.
'Arhoswch!' medd y dyn coch a gwgu.
Geiriau croes wrth groesi'r heol.

Mae'n rhaid bod bywyd yn anodd i'r ddau
Yn y bocs bach du a'r drws ynghau,
Gyda'r sgwrs yn ddim,
Dim siw na miw,
Dim byd yn digwydd
Ond golau traffig yn newid lliw.

Elinor Wyn Reynolds

Awyr

Yr awyr yn toddi
fel menyn ar blât,
lliw sôs coch a mefus,
lliw fflamau'n y grât.

Yr awyr yn fudur
fel welingtons Taid,
fel traed cŵn a chathod
yn trampio trwy'r llaid.

Yr awyr fel clogyn
rhyw ddewin mawr doeth
a'r sêr arno'n glynu
fel gemau bach coeth.

Wyneb yw'r awyr –
hen wyneb y byd
a'i hwyliau yn newid
o hyd ac o hyd.

Sonia Edwards

Geiriau Tawel Mrs Awel

Pan fo'r cwmwl
a'i drwbwl
yn llusgo trwy'r cwbwl,
a'r heulwen yn pwyso ei gwên
ar ymyl y gorwel,
daw llais Mrs Awel,
gan chwythu yn dawel,
a dweud bod y diwrnod yn hen.

'Mae'r lleuad
mewn cariad
â seren sy'n siarad,
y seren ddisgleiria'n y nen,'
ac yna yn dyner
fe ddwed 'mae hi'n amser
i blant ddweud eu pader
a heddiw i sibrwd "Amen".'

Mererid Hopwood

29

Mae'r Byd, Fel Mae, Yn Well!

Heddiw mi es ati
i newid lliwiau'r byd,
troi'r haul yn las a'r sêr yn wyrdd
a'r coed yn binc i gyd.

Wedyn, dyma beintio
y gwair yn frown a choch,
rhoi wyau du i'r adar mân
a chlustiau aur i'r moch.

Porffor oedd yr afon
A phorffor oedd y nant;
A chyn pen dim lliw porffor hardd
Oedd llygaid yr holl blant.

Arian oedd lliw'r mynydd
'run lliw â gwallt Mam-gu,
a wedyn rhoddais iddi hi
wallt streipog gwyn a du!

Awyr oren, oren
a bryniau nefi bliw
oedd yn y byd a beintiais i –
tybed beth ddwedai Duw?!

Ond wedi gorffen peintio
a gweld y llun o bell,
fe sylweddolais ar un waith:
Mae'r Byd, Fel Mae, Yn Well!

Mererid Hopwood

Ffrind Poced

Mae gen i ffrind arbennig,
sy'n hollol anweledig,
a pha le bynnag rwyf i'n mynd
daw'r ffrind – mae'n fendigedig!

Mae'n byw mewn man bach pitw,
heb fam na thad nac enw,
ac yno mae trwy'r dydd a'r nos
yn aros i mi alw.

Ni allwch chi mo'i gweled,
mae'n saff rhag unrhyw niwed,
yn byw yn agos ataf fi
mewn tŷ yn nwfn fy mhoced.

Mae pawb fan hyn yn poeni
fy mod i'n siarad dwli
yn sôn o hyd am bobl mud
mewn byd nad yw'n bodoli.

Mae gen i ffrind arbennig
sy'n hollol anweledig,
a thra bo gen i 'i chwmni hi
ni fyddaf i yn unig.

Mererid Hopwood